Bildnachweis
© blickwinkel – R. Erl: S. 10/11; G. Franz: S. 13 (r.); T. Hennecke: S. 23 (o.); McPHOTO/C. Ohde: S. 6;
U. Walz: S. 12 (r.); M. Woike: S. 21
© Braunschweiger Stadtmarketing GmbH – S. 26 (l.)
© Emsland Touristik GmbH – S. 12 (l.)
© fotolia – ArTo: S. 27 (r.); M. Berg: S. 28 (u.); BildPix.de: S. 29 (M.); H. Czauderna: S. 30/31;
DOC RABE Media: S. 32 (l.); lohner63: S. 15 (o. l.); C. Schiller: S. 29 (u.); Speedfighter: S. 3
© Friesland Touristik GmbH – S. 8
© Grafschaft Bentheim Tourismus e. V. – S. 13 (l.)
© Hameln Marketing und Tourismus GmbH – W. Hildebrandt: S. 28 (o.)
© iStockphoto – DenisTangneyJr: S. 32 (r.); D. Richter: S. 15 (o. r.)
© Kloster Loccum – P. Kunte: S. 17 (o.)
© Lüneburg Marketing GmbH – S. 18 (l.)
© Mittelweser Touristik GmbH – S. 17 (u.); M. Fahrland: S. 16 (u.), S. 17 (M.)
© Ostfriesland Tourismus GmbH – S. 1
© phaeno gGmbH – M. Leitzke: S. 26 (r.)
© Stadt Nienburg – S. 16 (o.)
© Strandperle – Werner Otto AGE: Cover; P. Seyfferth Imagebroker RM: S. 33 (r.)
© Südheide Gifhorn GmbH – J. Paul: S. 19 (r.)
© TourismusMarketing Niedersachsen GmbH – S. 7 (o. l., u. r.), S. 9 (o.), S. 19 (l.), S. 22/23, S. 24;
J. A. Fischer: S. 4, S. 29 (o.), S. 33 (l.); B. Lamberty: S. 7 (o. r.);
F. Posnien: S. 27 (l.); M. Scharrer: S. 7 (u. l.);
M. Untergassmair: S. 9 (u.), S. 25 (o. r.), S. 31 (r.)
© Tourismus Region Celle GmbH – S. 18 (r.)
© Tourismusverband Osnabrücker Land e. V. – H. Wachsmann: S. 20
© tourist information Hildesheim – S. 25 (l., u. r.)
© A. Uhlenhut – S. 34
© M. Untergassmair – S. 5, S. 23 (u. r.)
© Verbund Oldenburger Münsterland e. V. – S. 15 (u.); H. Freymann: S. 14

Originalausgabe

www.hase-und-igel.de
Lektorat: Patrik Eis
Layout: Margit Kick
Illustrationen: Hendrik Kranenberg
Druck: Grafisches Centrum Cuno GmbH & Co. KG

ISBN 978-3-86760-756-8
1. Auflage 2015

Ulrike Gerold / Wolfram Hänel

Niedersachsen

Hase und Igel®

Dänemark
Schweden
Ostsee
Nordsee
Kiel
Schleswig-
Holstein
Mecklenburg-
Vorpommern
Hamburg
Schwerin
Bremen
Brandenburg
Niedersachsen
Polen
Berlin
Potsdam
Hannover
Niederlande
Magdeburg
Nordrhein-
Westfalen
Sachsen-
Anhalt
Düsseldorf
Sachsen
Erfurt
Dresden
Belgien
Hessen
Thüringen
Wiesbaden
Rheinland-
Pfalz
Mainz
Luxem-
burg
Tschechische
Republik
Saarland
Saarbrücken
Bayern
Stuttgart
Frankreich
Baden-
Württemberg
München
Österreich
Schweiz

Größtes Bundesland im Norden

Niedersachsen ist eines von 16 Bundesländern der Bundesrepublik Deutschland. Es ist rund 47 600 km² groß. Damit ist Niedersachsen das zweitgrößte Bundesland und größer als Dänemark. In Niedersachsen leben ungefähr acht Millionen Menschen. In nur drei Bundesländern sind es mehr. Niedersachsen ist ein sehr flaches Land, vor allem im Nordwesten, wo es an die Nordsee grenzt. Im Südosten gibt es den höchsten Berg des Landes: Der Wurmberg im Harz ist 971 Meter hoch.

Um Niedersachsen herum liegen die Bundesländer Hamburg, Schleswig-Holstein und Mecklenburg-Vorpommern im Norden, Brandenburg und Sachsen-Anhalt im Osten, Thüringen und Hessen im Süden und Nordrhein-Westfalen im Südwesten. Und mittendrin liegt der kleine Stadtstaat Bremen. Westlich grenzt Niedersachsen an die Niederlande. Natürlich hat Niedersachsen eine Landeshauptstadt, nämlich Hannover. Hannover ist die größte Stadt des Landes. Hier ist der Sitz der Landesregierung, hier gibt es auch das größte Schützenfest der Welt. In Hannover kreuzen sich die wichtigsten Verkehrsverbindungen, sie verlaufen von Norden nach Süden und von Westen nach Osten.

In Niedersachsen ist vor allem die Landwirtschaft wichtig. Es gibt mehr Schweine als Menschen, etwa neun Millionen Tiere, und noch viel mehr Hühner. Außerdem kommt die Hälfte aller Kartoffeln, die in Deutschland geerntet werden, aus Niedersachsen – und jeder vierte Apfel, der in der Bundesrepublik gepflückt wird. In Niedersachsen wachsen auch mehr Erdbeeren als in jedem anderen Bundesland.

Niedersachsens Landesflagge hat dieselben schwarz-rot-goldenen Streifen wie die deutsche Fahne. In der Mitte aber ist ein springendes Pferd auf rotem Grund zu sehen.

Mein Lexikon

Landesregierung:
Alle Bundesländer haben eine eigene Regierung und ein eigenes Parlament. Diese entscheiden über Fragen, die das Bundesland betreffen – zum Beispiel darüber, welche Schulformen es geben soll.

Ein Blick in die Geschichte

Den „Braunschweiger Löwen“ ließ Heinrich der Löwe um 1166 als Zeichen seiner Macht errichten. Damals glänzte er golden.

Das heutige Bundesland Niedersachsen ist noch ziemlich jung. Es entstand erst 1946, nach dem Zweiten Weltkrieg.

Der Name Niedersachsen geht zurück auf die Sachsen, ein Volk, das zur Zeit der Völkerwanderung im 7. Jahrhundert weit über Niedersachsens Grenzen hinaus herrschte. Ein berühmter Sachse war Herzog Widukind, der von 777 bis 785 Krieg gegen Karl den Großen und das Reich der Franken führte.

Im 12. Jahrhundert regierte der mächtige Welfe Heinrich der Löwe von Braunschweig aus wie ein König. Allerdings legte er sich mit Kaiser Barbarossa an. Nach dem Sturz Heinrichs wurde das Gebiet, das wir heute Niedersachsen nennen, von etwa 40 Fürsten, Bischöfen und Grafen beherrscht.

Aus dieser Zersplitterung gingen schließlich wieder die Welfen gestärkt hervor. Sie hatten ihr Schloss nun in Hannover, wodurch die Stadt an Bedeutung gewann. Über viele Jahre waren die Könige von Hannover gleichzeitig die Könige von England.

Auch dieser englische Einfluss machte das welfische Hannover nach 1815 zur größten Macht im deutschen Nordwesten. Im Deutschen Krieg mussten sich das Königreich Hannover und die Staaten des Deutschen Bundes allerdings gegen die Machtansprüche Preußens zur Wehr setzen. 1866 wurde das Königreich Hannover dem Königreich Preußen unterstellt, das von Berlin aus herrschte.

Mein Lexikon

Personalunion:
So nennt man die Zeit, in der Hannover und England die gleichen Könige hatten. Das lag daran, dass die Kurfürstin Sophie von Hannover mit dem Königshaus in England verwandt war. Ihr Sohn, Kurfürst Georg Ludwig, wurde deshalb 1714 Georg I., König von Hannover und Großbritannien. Die Personalunion endete 1837 mit dem Tod von Wilhelm IV.

Das Niedersachsenross vor dem Welfenschloss in Hannover. Heute gehört das Schloss zur Universität der Stadt.

Das Großherzogtum Oldenburg, das Herzogtum Braunschweig und das Fürstentum Schaumburg-Lippe bestanden dagegen zunächst weiter.

Es folgten nach dem Ersten Weltkrieg (1914–1918) die Weimarer Republik und das Dritte Reich. 1945 siegten die Streitkräfte der Alliierten über die deutschen Truppen und beendeten den Zweiten Weltkrieg. Viele niedersächsische Städte – vor allem Braunschweig, Emden, Hannover, Hildesheim, Osnabrück und Wilhelmshaven – lagen in Trümmern. Die britische Militärregierung übernahm die Kontrolle über den Nordwesten Deutschlands und teilte das Gebiet neu ein. So entstand das Bundesland Niedersachsen.

Mein Lexikon

Alliierte:
Als „die Alliierten" werden die Hauptsiegermächte des Zweiten Weltkriegs in Europa bezeichnet: die Sowjetunion (mit Russland), die USA und Großbritannien. Nach dem Krieg wurde Frankreich zur vierten Besatzungsmacht in Deutschland.

Die Nordseeküste

Wusstest du, dass ...

... es vor vielen Jahren einen berühmten Piraten gab, der auf der Nordsee den Handelsschiffen ihre Ware abnahm und sie unter seinen Leuten aufteilte? Das war Klaus Störtebeker. Erst durch einen Verrat soll ihm und seiner Mannschaft das Handwerk gelegt worden sein.

Im Nordwesten grenzt Niedersachsen an die Nordsee. Vor der Küste liegen die Ostfriesischen Inseln. Ganz im Westen ist die größte, Borkum. Die anderen heißen: Juist, Norderney, Baltrum, Langeoog, Spiekeroog und Wangerooge. Baltrum ist die kleinste Insel. Man braucht zu Fuß nicht einmal drei Stunden, um die ganze Insel zu umrunden. Die Inseln haben schöne Strände und Sandberge, die der Wind aufgeweht hat. Diese Dünen schützen die Inseln vor den Wellen des Meeres.

Zwischen den Inseln und dem Festland gibt es das Wattenmeer. Bei Ebbe sieht das Watt aus wie eine riesige Wüste aus Schlick, also aus Matsch und Schlamm. Bei Flut wird es vom Meer überschwemmt. Es gibt nur wenige Wattenmeere auf der Welt. Das Wattenmeer an der Nordseeküste steht unter Naturschutz, damit die einzigartigen Tiere und Pflanzen dieses Lebensraums erhalten bleiben.

Das flache Festland, die Äcker und die Viehweiden werden durch Deiche gesichert. Auch liegen viele Höfe auf aufgeschütteten Erdhügeln, den Warften. Die Deiche müssen ständig kontrolliert, ausgebessert und erhöht werden. Denn der Meeresspiegel steigt im Laufe der Zeit langsam, aber stetig an.

Bei heftigem Wind kann sich das Meer zu hohen Flutwellen auftürmen. So eine Sturmflut verursacht oft schwere Schäden. Im Dezember 2013 zum Beispiel war das Wasser bis zu fünf Meter höher als normalerweise!

Mit über zwei Millionen Übernachtungen pro Jahr ist die Insel Borkum bei Touristen sehr beliebt. Das Foto zeigt die Nordstrand-Promenade.

Die Insel Wangerooge ist autofrei. Das Gepäck der Urlaubsgäste wird meist in Bollerwagen zu den Unterkünften gebracht.

Das Wattenmeer hat viele solche „Priele“. Sie können Wanderern gefährlich werden, wenn sie bei aufkommender Flut mit Wasser volllaufen.

Früher legten in Wilhelmshaven Großsegler an, heute wartet man eher auf riesige Containerschiffe. Es gibt hier auch Schiffe der Marine, die zur Bundeswehr gehört.

Ostfriesland

Das flache Festland hinter der Küste ist das Marschland. Hier gibt es viele Wiesen, die durch zahlreiche Kanäle voneinander getrennt sind. Ostfriesland ist auch bekannt für die schwarz-weißen Milchkühe, die dort grasen – und für seine Windmühlen. Die benötigte man früher für viele Aufgaben, zum Beispiel um Getreide zu mahlen, Wasser bergauf zu pumpen und Energie zu erzeugen.

An der ostfriesischen Küste gibt es Orte mit seltsamen Namen: Dornumersiel, Bensersiel, Neuharlingersiel, Greetsiel … Was bedeutet dieses „-siel“? Ein Siel ist ein Wasserdurchlauf in einem Deich, der sich öffnen und verschließen lässt. Das ist sehr praktisch: Bei Ebbe kann man angesammeltes Regenwasser ins Meer fließen lassen.

Auf Frieslands Weiden stehen die „Schwarz-Weißen“.

Wusstest du, dass …

… in Ostfriesland früher Volksstämme lebten, deren Anführer „Häuptlinge“ genannt wurden? Wie bei den Indianern. Und genau wie in Amerika wurden die wichtigsten Entscheidungen dann auch auf großen Volksversammlungen getroffen.

Die friesischen Fischer gehen vor allem auf Krabbenfang. Auch im Hafen von Greetsiel liegen viele Boote von Krabbenfischern.

Klootschießen und Boßeln sind typisch ostfriesische Wurfsportarten. Beim Straßenboßeln wird eine Kugel so geworfen, dass sie nach ihrer Landung noch möglichst weit rollt.

Entspannt gehen übrigens die meisten Ostfriesen damit um, dass es Witze wie diesen gibt: Warum nehmen Ostfriesen einen Stein und eine Schachtel Streichhölzer mit ins Bett? Mit dem Stein werfen sie das Licht aus und mit den Streichhölzern sehen sie nach, ob sie wirklich getroffen haben. Schließlich gibt es auch Witze, bei denen mal andere „die Dummen“ sind: Was machen die Ostfriesen bei Ebbe? Sie verkaufen Bauland an die Österreicher.

Wusstest du, dass …

… man in Ostfriesland zu jeder Tages- und Nachtzeit „Moin“ sagt? Das bedeutet einfach „Guten Tag“.

Probier doch mal …

… echten Ostfriesentee. Er wird mit Kluntjes und Sahne getrunken. Kluntjes sind kleine Brocken dunkler Kandiszucker. Und mit Sahne ist keine Schlagsahne gemeint, sondern flüssige Sahne. In Ostfriesland wird mehr Tee als Kaffee getrunken, ein bisschen wie in England.

Land zwischen Elbe und Weser

Drei große Flüsse prägen Niedersachsen: die Ems, die Weser und die Elbe. Das Gebiet zwischen Cuxhaven an der Nordsee und den beiden Stadtstaaten Bremen und Hamburg wird auch „Elbe-Weser-Dreieck“ genannt. Auf einer Karte von Niedersachsen kannst du gut erkennen, warum. Im Land zwischen Elbe und Weser wird viel Landwirtschaft mit Viehzucht betrieben. Ein kleinerer Bereich um die Gemeinde Jork südlich der Elbe heißt „Altes Land“. Es ist eines der größten Obstanbaugebiete in Europa. Hier gibt es Obstbäume, soweit das Auge reicht. Vor allem während der Apfelblüte und der Kirschblüte kommen viele Besucher ins „Alte Land“.

Niedersachsens Landschaft ist durch die Eiszeit geformt. Die Flüsse fließen in den alten Urstromtälern, wo sich das Schmelzwasser sammelte. Neben den fruchtbaren Gegenden gibt es hier auch Moore. Eines davon ist das Teufelsmoor. Es liegt nördlich der Hansestadt Bremen und ist eines der größten Moorgebiete in Deutschland.

Mitten im Teufelsmoor liegt die Künstlerkolonie Worpswede. Hier haben viele Künstler zusammen gelebt und gemalt, zum Beispiel Otto Modersohn und seine Frau Paula Modersohn-Becker. Auch heute noch gibt es in Worpswede zahlreiche Galerien, in denen Künstler ihre Werke ausstellen.

Wusstest du, dass …

… „Kirschböller“ kanonenähnliche Apparate sind, die von den Bauern zwischen den Obstbäumen aufgestellt wurden und die Vögel verscheuchen sollten? Heute hängen die Bauern mehr und mehr Netze zum Schutz gegen Vögel in die Bäume.

Probier doch mal …

… über einen Moorboden zu laufen. Er ist ganz weich und federt. Aber Vorsicht: Im Moor sollte man nie von den gekennzeichneten Wegen abweichen.

Das Emsland und die Grafschaft Bentheim

Früher galt das Emsland als Armenhaus Deutschlands, viel mehr als Moore gab es hier nicht. Heute ist es vor allem bekannt durch den Ort Papenburg mit der Meyer-Werft. Dort werden die schönsten und größten Ozeanriesen gebaut. Es kommen immer viele Zuschauer, wenn ein Kreuzfahrtschiff vom Stapel läuft und durch die Ems ins Meer geschleppt wird. Aus der Entfernung sieht es dann fast so aus, als würde das Schiff mitten durch die Wiesen fahren!

Das Kreuzfahrtschiff AIDAsol wird auf der Ems in Richtung Nordsee geleitet.

Wusstest du, dass ...

... der Moorboden des Emslands über 20 Jahre lang von einem riesigen Pflug mit dem Namen „Mammut“ umgegraben wurde? Dadurch konnte Regenwasser nach unten sickern und Grundwasser nach oben steigen. Nur so ließ sich das Land bepflanzen. Den „Mammut“ kannst du heute im Moormuseum von Groß Hesepe besichtigen.

Burg Bentheim wurde im frühen Mittelalter als sogenannte „Höhenburg“ auf einem großen Felsen errichtet.

Als einziges Gebiet aller Bundesländer trägt Bentheim noch den Beinamen „Grafschaft“. Bentheim ist eine Grenzregion mit einer langen Geschichte. Es liegt an der deutsch-niederländischen Grenze und ragt weit in die Niederlande hinein, ein bisschen wie ein ausgestreckter Daumen. Deshalb können die Leute in der Grafschaft fast alle gut Niederländisch verstehen, so wie die Niederländer auf der anderen Seite der Grenze auch Deutsch können.

Probier doch mal …

… eine Fietsentour. „Fiets“ ist das niederländische Wort für „Fahrrad“. Genau wie in den Niederlanden gibt es in Bentheim viele Radwege: über 26 Routen, auf denen man für einen Tag oder für viele Tage unterwegs sein kann.

Das Oldenburger Land

Das Rauchhaus im Museumsdorf Cloppenburg. Hier wurden früher Würste und Schinken geräuchert.

Das Oldenburger Land umfasst das Gebiet des früheren Großherzogtums Oldenburg und erstreckt sich von der Nordseeinsel Wangerooge im Norden bis zum Landkreis Vechta im Süden. Auch die Städte Wilhelmshaven, Delmenhorst und natürlich Oldenburg gehören dazu. Der südliche Teil des Gebietes wird „Oldenburger Münsterland“ genannt.

Mit etwa 160 000 Einwohnern ist die Universitätsstadt Oldenburg die drittgrößte Stadt Niedersachsens. Wahrzeichen von Oldenburg ist der Lappan, ein Glockenturm, der einen großen Stadtbrand im Jahr 1676 überstanden hat. Jedes Jahr im November wird der Oldenburger Kinder- und Jugendbuchpreis auf der Buchmesse KIBUM verliehen.

Im Oldenburger Münsterland sind riesige Geflügel-, Schweine- und Rinderställe mit Hunderttausenden von Tieren angesiedelt. Und wo es viel Vieh gibt, gibt es natürlich auch viel Gülle. Also Jauche, Mist, Sch… – und das stinkt! Deshalb gehörte der Landstrich lange Zeit nicht gerade zu den beliebtesten Deutschlands. Im sogenannten „Schweinegürtel“ gibt es über eine Million Schweine.

Das Oldenburger Münsterland hat aber auch seine schönen Seiten: Bei Cloppenburg befindet sich eines der ältesten Freilichtmuseen Deutschlands, das die von Sachsen und Friesen geprägte bäuerliche Kultur zeigt. Durch das Land führt die Niedersächsische Spargel- und Mühlenstraße, die Fehnroute und die Straße der Steinzeit mit Gräbern, Steinen und Opfertischen, die vor etwa 5000 Jahren entstanden sind.

Mein Lexikon

Fehn:
Das Wort bedeutet „Sumpfgebiet, Moor“. Früher hat man die Moore trockengelegt, um Platz für Häuser und Äcker zu bekommen. So entstanden viele Kanäle, die mit Lastkähnen befahren wurden. Heute ist diese Gegend ideal für Kanu- oder Radtouren auf oder neben den verzweigten Wasserstraßen.

Wintergemüse aus dem Oldenburger Münsterland: Der Grünkohl wird erst nach dem ersten Frost geerntet.

Niedersachsen ist ein Pferdeland mit vielen Rassen, dazu gehören auch die Oldenburger Pferde auf Gut Füchtel.

Probier doch mal …

… Grünkohl und Pinkel. Grünkohlessen ist typisch in weiten Teilen von Norddeutschland. Dazu gibt es Pinkel, eine grobe geräucherte Grützwurst. „Pinkel“ ist übrigens ein alter Begriff und bedeutete wohl so viel wie „zusammengedrängte Masse“.

Mein Lexikon

Die Saterfriesische Sprache:
Die Sprache ist eine Form des Ostfriesischen und wird nur noch in der Gemeinde Saterland bei Cloppenburg gesprochen – „Gouden Mäiden, Bäidene“ heißt „Guten Morgen, Kinder“.

Mittelweser

Die Gegend Mittelweser liegt zu beiden Seiten der Weser. Der nördlichste Punkt der Region ist Verden an der Aller, das vorne auf diesem Buch zu sehen ist. Von da geht es flussaufwärts über Nienburg nach Minden und Rinteln.

Der verbreitetste Landschaftstyp ist die Geest: flaches Land, das während der Eiszeit durch Sandablagerungen entstanden ist. Das niederdeutsche Wort „gest“ bedeutet „trocken“. Der Boden ist perfekt für den Spargelanbau, „Nienburger Spargel“ ist eine Delikatesse.

In Nienburg gibt es sogar einen Spargelbrunnen. Er wurde 1998 aus Bronze von Helge Michael Breig errichtet und verdeutlicht die große Bedeutung des weißen Gemüses für die Kreisstadt.

Schloss Hoya, schon im Jahr 1233 erwähnt, war im Mittelalter noch eine Burg, die auf einer Weserinsel stand. Der Weserarm hinter dem Schloss wurde aber Ende des 17. Jahrhunderts zugeschüttet.

Das Kloster Loccum, eines der ältesten Klöster Niedersachsens, liegt nahe dem Steinhuder Meer. Es ist über 850 Jahre alt. Heute werden hier Pfarrerinnen und Pfarrer ausgebildet und es finden Tagungen statt.

Die ältesten „Spuren“ in Norddeutschland hinterließen Dinosaurier. Im Dinosaurierpark von Münchehagen kann man diesen Spuren folgen und anhand von 230 lebensechten Modellen viel über die Urzeittiere erfahren.

Bei Bruchhausen-Vilsen gibt es alte Dampf- und Diesellokomotiven, mit denen man auf einer Schmalspurstrecke noch richtig fahren kann. Im Advent gibt es Nikolaus-Touren. Dann heißt es: „Volldampf voraus!“

Die Lüneburger Heide

Zwischen Hannover und Hamburg liegt eine ausgedehnte Heidelandschaft: die Lüneburger Heide. Vor allem südlich der alten Salzstadt Lüneburg und bei Schneverdingen wächst das Heidekraut, das dieser Landschaft ihren Namen gab. Von August bis September „glüht" die Heide rötlich violett – dann blüht zwischen den Sandwegen und Wacholderbüschen das Heidekraut, das auch „Erika" genannt wird.

In der Heide findet man viele Zeugnisse früher Besiedelung. Die „Sieben Steinhäuser" sind Gräber, die vor mehr als 4000 Jahren aus riesigen Steinen errichtet wurden. Eigentlich sind es ja nur fünf Häuser, aber die Zahl fünf klang wohl nicht „magisch" genug … Früher sahen die Gräber aus wie große Erdhaufen. Dann wusch der Regen das Erdreich weg und die Steine kamen zum Vorschein.

Die Heidschnucken – eine alte Schafsrasse – geben sich mit wenig zufrieden und „schnökern" (also naschen) gerne Wildkräuter und Heidekraut.

Wusstest du, dass …

… die Lüneburger Altstadt genau über dem Salzstock liegt, der den Reichtum der Stadt begründete? Durch den Salzabbau begann sich die Oberfläche ab etwa 1830 abzusenken und mehrere Häuser mussten abgerissen werden. Noch heute sind die Folgen dieser Senkung zu sehen.

Der gut erhaltene Großrundling Lübeln besteht aus zwölf Höfen, von denen hier zwei zu sehen sind. Die Hallenhäuser stammen aus dem 17. bis 19. Jahrhundert.

So wie diese Bockwindmühle sahen die ersten Windmühlen in Europa aus. Sie steht im Freilichtmuseum Südheide Gifhorn.

Nach Osten hin, also Richtung Elbe, liegt das Wendland, das seinen Namen von seinen ursprünglichen Bewohnern, den Wenden, hat. In vielen Dörfern des Wendlands wurden die Bauernhöfe im Kreis um einen Dorfplatz herum angeordnet. So entstanden „Rundlinge". Die runde Form ist noch heute in etwa hundert Dörfern dieses Gebiets zu erkennen.

Das typische Rundlingshaus, das auch als „Niedersachsenhaus" oder „Hallenhaus" bezeichnet wird, vereinte Wohnung, Ställe und Lager unter einem Dach. Vom großen Einfahrtstor, durch das die Ernte ins Haus gebracht wurde, kam man direkt in die Halle. Hier war das Federvieh untergebracht, hier wurde aber auch gewohnt und gekocht. Zu beiden Seiten gab es weitere, halboffene Ställe, zum Beispiel für Kühe und Pferde.

Das Osnabrücker Land

Mein Lexikon

Megalith:
Das Wort „mégas“ kommt aus dem Griechischen und bedeutet „groß“, „lithos“ heißt „Stein“. Ein Megalith ist also eigentlich ein großer Stein. Gemeint sind die Steine, die in der Steinzeit für Grab- oder Kultanlagen aufgestellt wurden.

Das Osnabrücker Land liegt im Südwesten Niedersachsens und ragt ins Bundesland Nordrhein-Westfalen hinein. Bis 1815 gehörte es noch zu Westfalen. Heute erinnern zum Beispiel die Bauweise alter Häuser oder regionale Spezialitäten an die westfälischen Wurzeln.

Mittelpunkt des Gebietes ist die Universitätsstadt Osnabrück, die dem Land ihren Namen gab. Der Name bedeutet „Brücke über die Osna“. Als „Osna“ wurde von den Germanen ein Fluss bezeichnet, der heute „Hase“ heißt. Die Stadt Osnabrück trägt den Beinamen „Friedensstadt“, weil hier nach Krieg, Verwüstung, Plünderung und Vertreibung 1648 endlich der Dreißigjährige Krieg beendet wurde. Osnabrück ist die einzige deutsche Großstadt, die mitten in einem Naturpark liegt.

Zeugnisse von 300 Millionen Jahren Erdgeschichte findet man in diesen Landschaftsformen: im Norden Wiesen und Flusslandschaften, im Süden und im Osten die Hügel des Teutoburger Waldes. Der ist vor allem bekannt, weil hier angeblich im Jahre 9 nach Christus in der „Varusschlacht“ die Germanen die vordringenden Römer vertrieben.

Andere meinen, die Schlacht fand in der Gegend von Bramsche, nördlich von Osnabrück, statt. Dort kann man im „Museum und Park Kalkriese“ viele Gegenstände sehen, die die Römer bei ihrer Flucht zurückgelassen haben. Außerdem kann man noch gut erkennen, wo die römischen Soldaten Verteidigungswälle angelegt haben.

Das Denkmal von Hermann dem Cherusker steht im westfälischen Teil des Teutoburger Waldes und ist mit über 50 Metern das höchste in Deutschland. Hermann führte die Germanen an, denen der Sieg über die Römer gelang. Eingeweiht wurde das Standbild 1875. Etwa zehn Jahre lang war es sogar das höchste Denkmal der Welt.

Hannover, die Landeshauptstadt

Hannover liegt an der Leine. Hinweise auf einen Ort als Leineübergang gab es bereits im Jahr 950. „Honovere", was so viel bedeutet wie „Hohes Ufer", entwickelte sich erst zu einem Handelszentrum, das ringsherum durch eine Stadtmauer geschützt war, dann zur Residenzstadt der Welfen und schließlich zur Landeshauptstadt von Niedersachsen.

Hannover hat sechs Hochschulen. Es ist durch die Hannover Messe sowie die Computermesse CeBIT in aller Welt bekannt. Die „Eilenriede" ist einer der größten Stadtwälder Deutschlands, der „Große Garten" der Herrenhäuser Gärten ein einzigartiger Barockgarten. Im Sprengel Museum ist eine der bedeutendsten Sammlungen moderner Kunst zu sehen.

Das Neue Rathaus von Hannover, das du auf dem großen Foto siehst, halten Besucher oft für ein Schloss, so viele Türme und Erker hat das beeindruckende Gebäude. Weil es auf sumpfigem Untergrund gebaut wurde, steht es auf 6026 Buchenpfählen! In der Eingangshalle kann man anhand von vier Stadtmodellen sehen, wie aus einem kleinen Dorf eine große Stadt wurde. Bei dem Modell der durch den Zweiten Weltkrieg zerstörten Stadt begreift man, wie furchtbar Krieg ist und immer sein wird. 90 Prozent der Innenstadt wurden damals durch Bombenangriffe zerstört.

Zu den Herrenhäuser Gärten gehören neben dem „Großen Garten“ (hier im Bild) und dem „Berggarten“ auch der „Georgengarten“ und der „Welfengarten“. Die letzten beiden kosten keinen Eintritt.

Wusstest du, dass ...

... das ehemalige Welfenschloss inzwischen das Hauptgebäude der Leibniz Universität ist? Hier und an den anderen Hochschulen von Hannover studieren 40 000 junge Menschen.

Die Region Hannover und die Stadt Hildesheim

Das Steinhuder Meer liegt westlich von Hannover und ist Nordwestdeutschlands größter See. Er ist in der Eiszeit entstanden und mit einer durchschnittlichen Tiefe von 1,35 m eher flach. Trotzdem kann es bei starkem Wind für Segler gefährlich werden!

Mein Lexikon

Gilde:
Die Gilde war ein Zusammenschluss von Kaufleuten oder Handwerkern. Die Gildeordnung legte zum Beispiel Ausbildungsregeln, Arbeitszeiten und Preise fest.

Rund um die Landeshauptstadt erstreckt sich die Region Hannover. Sie wurde aus Hannover und 21 umliegenden Städten und Gemeinden gebildet. Dazu gehören zum Beispiel die Städte Garbsen, Langenhagen, Lehrte, Wunstorf und Neustadt am Rübenberge mit dem Steinhuder Meer.

Rund 30 km südöstlich von Hannover liegt die Stadt Hildesheim. Einzigartig ist der Mariendom der Stadt, dessen erste Erwähnung ins Jahr 815 zurückgeht. Über 1000 Jahre alt soll der riesige Rosenstock sein, der an der Außenmauer des Doms wächst.

Als eines der schönsten Gebäude Niedersachsens gilt das Knochenhaueramtshaus, das am Markplatz von Hildesheim gegenüber dem Rathaus steht. Das Gebäude von 1529 wurde zwar während des Zweiten Weltkriegs zerstört, aber 1986 mit sehr viel Sorgfalt genau so wieder aufgebaut, wie es einmal ausgesehen hat. Es war das Gildehaus der Fleischer, also der „Knochenhauer“. Im Keller lagerten die Fleischwaren wie in einem Kühlschrank, im Erdgeschoss befanden sich die Verkaufsräume, darüber waren die Sitzungs- und Festsäle. Das riesige Dach wurde unter anderem für die Aufbewahrung der Tierfelle genutzt.

Das Knochenhaueramtshaus ist vor allem durch die beeindruckenden Schnitzereien auf dem gesamten Balkenwerk berühmt.

Wusstest du, dass …

… Schloss Marienburg in Pattensen bei Hannover noch immer Stammsitz der Welfen ist? 1867 schenkte König Georg V. seiner Frau, Königin Marie, das Jagdschloss. Sie bewohnte es allerdings nur ein Jahr lang. Heute gehört es Ernst August von Hannover.

So sehen die bunten Schnitzereien aus der Nähe aus.

Das Braunschweiger Land

Der Burgplatz von Dankwarderode mit der berühmten Löwenstatue.

Noch heute ist der Löwe das Wahrzeichen und Wappentier von Braunschweig, der zweitgrößten Stadt Niedersachsens. Er erinnert daran, wie mächtig Braunschweig unter Heinrich dem Löwen, Herzog von Sachsen und Bayern, war. Heinrich ließ die Burg Dankwarderode und den Dom bauen.

Auch die Städte Salzgitter und Wolfsburg liegen im Braunschweiger Land. Salzgitter setzt sich aus sieben Ortschaften zusammen und gehört damit – was die Fläche betrifft – zu den größten Städten Deutschlands. Die heimische Salzgitter AG ist eines der wichtigsten Stahlwerke Europas. Wolfsburg ist vor allem durch das VW-Werk und die Autostadt bekannt. Hier arbeiten über 50 000 Menschen und produzieren jährlich über 800 000 Autos. Aber auch das Wissenschaftsmuseum „Phaeno“ und weitere Attraktionen gibt es in Wolfsburg.

Im „Phaeno“ kann man Spannendes aus Naturwissenschaft und Technik erleben und bestaunen. Auch diesen Roboter, genannt „Robo Thespian“.

In Braunschweig steht der Heinrichsbrunnen mit dieser Bronzefigur Heinrichs des Löwen.

Nur wenige Kilometer von Braunschweig entfernt liegt Wolfenbüttel mit der alten Herzog August Bibliothek. Sie galt einmal als die größte Bibliothek nördlich der Alpen, sogar als „achtes Weltwunder"! Viele wichtige Gelehrte haben hier gearbeitet. Neben einer großen Anzahl von alten Handschriften gibt es auch ein prachtvoll bemaltes Buch, das Heinrich dem Löwen gehörte. Es ist Teil eines sagenhaften Schatzes.

Wusstest du, dass …

… man zu Unsinn auch „Eulenspiegelei" sagen kann? Das kommt von dem mittelalterlichen Narren Till Eulenspiegel. Der hielt seinen Mitmenschen einen Spiegel vor, indem er aufs Wort das machte, was sie sagten. Als er einmal zu langsam arbeitete und sein Herr rief: „Mach mal Dampf!", da machte er ein Feuer, das ordentlich qualmte. In Kneitlingen wurde Eulenspiegel geboren.

Das Weserbergland und die Stadt Göttingen

Das Weserbergland ist eine Mittelgebirgslandschaft, die sich zu beiden Seiten der Weser zwischen Hameln und Hannoversch Münden erstreckt. Die Weser kann man am besten von einem Schiff der Weser Flotte aus erkunden.

Bei Wanderungen durch das Weserbergland ließen sich die Brüder Grimm angeblich viele Sagen und Märchen für ihr Buch „Kinder- und Hausmärchen“ erzählen. Und es gibt noch mehr sagenhafte Gestalten aus der Gegend …

Hameln ist bekannt durch die Sage vom Rattenfänger. Nachdem dieser die Stadt von Mäusen und Ratten befreit hatte, wollte man ihm den versprochenen Lohn nicht zahlen. Da lockte er mit seiner Flöte die Kinder aus der Stadt und verschwand für immer mit ihnen.

Aus Bodenwerder stammt der „Lügenbaron Münchhausen“, der den Leuten sogar erzählte, er sei auf einer Kanonenkugel und auf einem halben Pferd geritten. Und viele glaubten ihm! Der Münchhausenbrunnen in Bodenwerder stellt gleich drei Geschichten des Lügenbarons dar.

In Wiedensahl wurde 1832 Wilhelm Busch geboren, der in seinen Bildergeschichten zum Beispiel die Streiche von Max und Moritz erzählte. Man kann sagen, dass Wilhelm Busch einer der ersten Comiczeichner der Welt war. In Ebergötzen bei Göttingen steht die Wilhelm-Busch-Mühle.

Wahrzeichen der Universitätsstadt Göttingen ist das Gänseliesel, eine Brunnenfigur. Als es unter neuen Studenten üblich wurde, die Figur zu küssen, wurde 1926 ein „Kussverbot“ erlassen. Noch heute aber gilt das Gänseliesel als meistgeküsstes Mädchen der Welt.

Göttingen besitzt die älteste Universität Niedersachsens und mit über 25 000 Studenten auch die größte. Viele berühmte Gelehrte haben hier studiert – unter anderem die Brüder Jacob und Wilhelm Grimm, die nicht nur Märchen aufschrieben, sondern auch das erste deutsche Wörterbuch verfassten.

Der Harz

Der Harz ist das höchste Gebirge in Norddeutschland. Eine Hälfte liegt in Niedersachsen, die andere in den Bundesländern Sachsen-Anhalt und Thüringen. Der höchste Berg im Harz ist der Brocken. Hinauf gelangt man mit einer alten Dampfeisenbahn, der Brockenbahn.

In fast jedem Laden in den Harzorten gibt es „Brockenhexen“ zu kaufen. Auf dem Brocken sollen sich der Sage nach nämlich immer in der Walpurgisnacht am letzten Tag im April die Hexen treffen. Diese Hexengeschichten entstanden sicherlich, weil die Gegend ziemlich unheimlich wirkt. Oft liegt der Gipfel des Brockens im Nebel, außerdem ist es meistens der erste Ort in Norddeutschland, an dem es schneit. Auch viele andere Harzberge sehen unheimlich aus mit ihren dunklen Tannenwäldern und düsteren Burgruinen.

Weil der Harz viele Bodenschätze hatte, gibt es überall alte Bergwerke, Gruben und Stollen. Inzwischen sind Silber und Erze gehoben, aber im Bergwerksmuseum von Clausthal-Zellerfeld kann man als Besucher in ein altes Bergwerk „einfahren“.

Im Harz regnet es viel, daher gibt es schon seit langer Zeit Talsperren und dadurch Stauseen. Die Wasserkraft nutzte man für den Abbau der Bodenschätze und zur Erzeugung von Strom. Heute kommt ein Teil des hannoverschen Trinkwassers aus dem Harz.

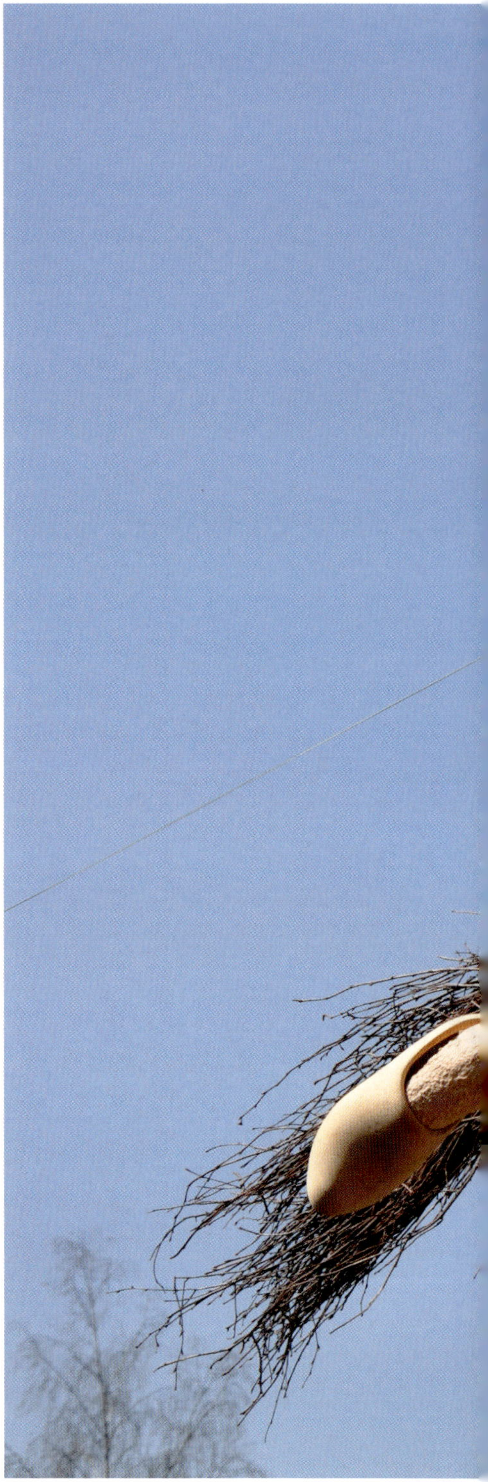

Bereits seit dem Jahr 1898 fährt die Brockenbahn von Drei Annen Hohne auf den Brocken.

Wusstest du, dass …

… das „Harzer Wasserregal" kein Regal ist, sondern ein ausgeklügeltes System aus kilometerlangen Wasserläufen und Stauteichen? Es wird für die Strom- und Trinkwassergewinnung genutzt.

Interessantes zu Niedersachsen

Was ist „Platt“?

In Niedersachsen spricht man vor allem Hochdeutsch, klar! In Hannover wird sogar angeblich das beste Hochdeutsch gesprochen. Aber im Mittelalter unterhielten sich die Menschen hier auf Niederdeutsch, also auf Plattdeutsch. Und es gibt immer noch Gegenden, wo der eine oder andere plattdeutsche Dialekt von den Älteren „gesnakt“ wird. Also nicht wundern, wenn einer zum Abschied sagt: „Kiek mol wedder in!“ Das heißt: „Schau mal wieder vorbei!“

Woran erkennt man, dass viele Niedersachsen vor etwa 200 Jahren auswanderten?

An den Ortsnamen, denn zahlreiche Auswanderer benannten den Ort, an dem sie sich niederließen, nach ihrer alten Heimat. Allein 19-mal gibt es zum Beispiel die Stadt Hanover in den USA. Das Foto oben zeigt das Gebäude einer Hochschule in Hanover, New Hampshire. Umgekehrt liegt mitten in Friesland ein Dorf, das Amerika heißt.

Was ist ein Urstromtal?

Es gibt drei große Flüsse in Niedersachsen, die in sogenannten „Urstromtälern" zur Nordsee fließen. Das Bett der Elbe, der Weser und der Aller verläuft in Senken, in denen nach der Eiszeit, also vor etwa 11 000 Jahren, das Schmelzwasser abfloss. Das Foto zeigt die Weser bei Steinmühle, einem Ortsteil der Gemeinde Pegestorf im Weserbergland.

Woher hat der Käfer seinen Namen?

Am 3. Juli 1938 schrieb die New York Times von einem „Käfer, der bald die deutschen Autobahnen bevölkern wird". Sie meinten damit das bucklige Auto, das in Wolfsburg gebaut wurde und so günstig sein sollte, dass es sich viele Leute leisten konnten. Ein echter „Volkswagen" also, von dem nach 1945 tatsächlich 30 Jahre lang fast zwölf Millionen verkauft wurden.

Die Autoren

Ulrike Gerold und Wolfram Hänel sind beide 1956 geboren und leben zusammen seit über 100 Jahren in Hannover. Kein Wunder, dass sie sich dort bestens auskennen und die Stadt auch in vielen ihrer Bücher vorkommt.

Wolfram Hänel verbrachte unzählige Kindheitstage auf Baltrum, Ulrike Gerold war mit ihren Eltern ständig im Harz zum Wandern. Beide sind auch mit ihren Eltern im Herbst in der Lüneburger Heide zum Pilzesammeln gewesen und hätten sich ebenso beim Tretbootfahren auf dem Steinhuder Meer treffen können. Haben sie aber nicht. Sie trafen sich in Hannovers Stadtwald, der Eilenriede.

Nach dem Studium in Berlin zog es sie zurück in die niedersächsische Hauptstadt. Seitdem leben und arbeiten sie gemeinsam dort und haben neben Reiseführern und Theaterstücken mehr als 100 Bücher veröffentlicht – vom Bilderbuch über Kinder- und Jugendromane bis zu Krimis für Erwachsene. Ihre Bücher wurden in 25 Sprachen übersetzt.